AF278580

LA

POLITIQUE DE LA FRANCE

PARIS

IMPRIMERIE BALITOUT, QUESTROY ET C°
7, rues Baillif et de Valois, 18.

LA
POLITIQUE

DE LA FRANCE
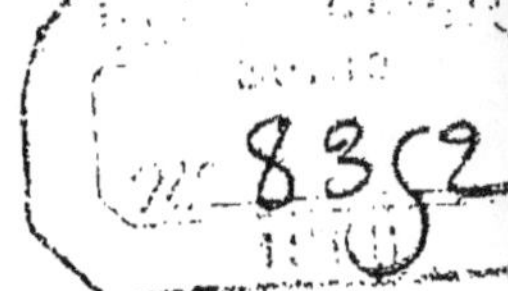

PARIS

E. DENTU, LIBRAIRE-ÉDITEUR

PALAIS-ROYAL, 17-19, GALERIE D'ORLÉANS

1868

LA

POLITIQUE DE LA FRANCE

> « J'ai entendu des chefs d'écoles phi-
> » losophiques, de riches banquiers ou
> » commerçants, des politiques de salon,
> » prêcher le cosmopolitisme absolu.
> » Loin de blâmer le sentiment dont ils
> » se disaient animés, je le partage, mais
> » ils se trompaient d'époque.
> » Béranger. »

> « Ici est une grande justice, car toute
> » guerre nécessaire est juste, et les
> » armes sont miséricordieuses là où il
> » n'y a d'espoir qu'en elles. Ici il y a
> » une très-grande disposition, et là où la
> » disposition est grande, les difficultés
> » sont moindres, pourvu qu'on s'inspire
> » des exemples dont je vous ai proposé
> » l'imitation.
> « Machiavel. »

Après la révolution qui s'est accomplie en Italie, en face des événements qui bouleversent l'Allemagne, notre pays est livré aux inquiétudes de l'avenir. Il faut sortir à tout prix d'une situation fausse et douloureuse. L'inertie serait un mauvais calcul, et l'irrésolution un suicide.

Quelle doit être la politique de la France ?

Pour répondre à cette question, il suffit d'ouvrir nos annales et de mêler aux leçons du passé les enseignements du présent. Une solution, mais une seule, nous apparaît révélée par l'histoire et imposée par la force des choses.

Si j'évoque des traditions d'honneur et de gloire, si j'essaie de rallumer une flamme qui semble pâlir et s'éteindre, je provoquerai, je le sais, les sourires des sages de mon temps. Mais que m'importe ! je m'adresse aux âmes libres et non dévorées par la lèpre de l'industrialisme.

I

Rome a conquis l'Afrique, l'Asie, une grande partie de l'Europe, et il reste à ses portes, insoumis, menaçant, un peuple dont le nom la fait trembler. Il est formé de tribus diverses, mais liées entre elles par l'origine commune et l'unité de territoire. Quelle magnifique province à ajouter à tant de conquêtes ! Assise dans un immense bassin, protégée à ses pieds par la mer et deux montagnes, elle s'épanouit majestueusement entre un grand fleuve et l'Océan.

César franchit les Alpes, et toute la Gaule se lève pour résister à l'invasion. Les efforts inouïs d'un capitaine incomparable, la valeur de troupes invincibles et dix années de guerre suffisent à peine pour courber le vaincu sous le joug de l'insatiable République.

Précipités dans le gouffre, les Gaulois gardent ce caractère qui se distingue par le mépris de la mort et l'amour de la gloire.

Chose vraiment digne de remarque : avec la liberté de Rome meurt l'indépendance de la Gaule, et l'homme qui lui a donné des fers devient le maître du monde !

Quatre siècles s'écoulent, et un grand ébranlement trouble la terre. Des torrents de peuple courent partout et bientôt se trouvent en présence du colosse romain. Saisis de frayeur, ils regardent, et voyant qu'au premier choc l'édifice vermoulu va tomber en ruines, ils se précipitent sur lui, entrent dans son sein et s'y implantent.

A la même heure, se pressent en Germanie, sur les bords du Rhin, des peuplades qui, arrêtées un instant, passent et inondent la Gaule. Élément nouveau sur notre sol, mais incapable d'altérer le premier, tant sa nature est forte et vivace. Le pays, envahi, prend un autre nom et se donne une royauté, brutale comme le temps, autorité confuse, chancelante, au milieu de pouvoirs rivaux s'élevant, disparaissant et trop souvent remplacés.

Avec le moyen âge, la nuit se fait sur la terre, et chacun de fermer les portes, parce qu'il sera dangereux de sortir et de s'éloigner de sa demeure.

Les conquérants, les forts qui ont gardé l'épée nue dans la main, l'agitent dans les ténèbres, s'abattent sur le sol, le coupent en morceaux et se taillent çà et là de beaux domaines. Ils construisent des tours, s'y barricadent contre l'attaque, inévitable au milieu d'un chaos de brutalités et de violences.

Après avoir livré au pillage la terre du vaincu, mettant le pied sur le cou du faible, ils lui crient : Si tu remues, tu mourras !

Le pouvoir royal essaiera-t-il d'intervenir et d'imposer sa voix entre l'oppresseur et l'opprimé? Il balbutie, et, pareil au roseau, le trône se balance dans la nuit épaisse et sombre qui, comme un drap noir, s'étend sur la Gaule ensevelie.

Et le peuple, qu'est-il devenu? Pour le découvrir, il faut se baisser ; il rampe, se traîne, vagit sourdement, et il vit, immuable comme le sol, qu'il arrose de sueurs et de larmes.

Lorsque le roi de France regarde autour de lui, que voit-il? Une multitude de tyrans qui le pressent et l'emprisonnent dans un cercle de fer. S'il s'avise de les menacer, eux, le fixant bien en face, bravent son autorité.

Mais quel est ce bourdonnement? C'est le murmure des villes, c'est l'association, s'organisant pour la défense, contre l'injustice et la violence. Alors le grand suzerain pousse droit aux villes et leur dit : Débarrassez-moi de ces tyrans, vos ennemis et les miens ! — On vous aidera, seigneur ! répondent les communes.

A partir de ce moment, la monarchie se condamne à déblayer le territoire de ces ogres, nés là ou venus d'ailleurs. La lutte sera lente, pénible, et se continuera dure, opiniâtre pendant de longs siècles. On verra le souverain, appuyé sur le peuple, élargissant peu à peu son domaine, écrasant de ses ennemis tantôt l'un, tantôt l'autre, et s'ouvrant enfin un passage au milieu de cette fourmilière qui recule devant lui.

Dans cette nuée d'oiseaux de proie, quelques-uns sont capables de tenir le roi de France en échec. Ils sont partout, au nord, au midi, à l'est, à l'ouest ; le plus redoutable est assis sur le trône d'Angleterre.

Oh ! que la tâche de la royauté est pénible à l'heure où l'Anglais l'outrage et la jette à bas !

O Providence ! quelle suave apparition ! Une jeune fille, une bergère, inspirée de Dieu, va trouver Charles VII, le surprend dans l'orgie et lui dit : Prince, lève-toi et viens ; le peuple te rendra ta couronne ! Charles se lève et suit Jeanne. La jeune fille le couronne, et, après cela, elle meurt sur un bûcher.

Pauvre sainte ! jusqu'à la fin des siècles tu resteras l'idole de ta patrie !

Voyez cet homme au regard incliné, à la démarche tortueuse : dur, implacable, il menace sans cesse, plie quelquefois et se redresse toujours. Il traque l'ennemi, et, comme une lime sourde, il use la féodalité. Accablée, désunie, gémissante, elle n'empêchera plus la royauté de marcher à pas de géant vers la reconstitution de notre unité territoriale.

Un héros, Henri le Béarnais, s'étudie à rendre heureux son peuple et puis, jetant les yeux sur les Pyrénées, les Alpes, le Rhin et l'Océan, il s'écrie : « Toute la France doit être à moi ! »

Ruiner les deux branches de la maison d'Autriche, achever l'unité de la patrie, lui donner en Europe le rang dont elle est digne, et inaugurer un vaste système, basé sur le respect des nationalités, tel est le plan de ce grand homme. Au moment où, après avoir pacifié et régénéré le pays, il noue des alliances et se met à l'œuvre, un monstre l'enlève à l'amour de ses sujets.

Le peuple aime et bénit la mémoire de Henri IV.

Le ministre à la robe rouge est là. Il promène sur les dernières têtes féodales un niveau sanglant, et, prenant en main la mission de Henri le Grand, il répète après lui : « Jusqu'où allait la Gaule, jusque-là doit aller la France.» L'Espagne et l'Empire se donnent la main pour l'étreindre et l'empêcher d'arriver à sa grandeur. Richelieu souffle la guerre civile au-delà des Pyrénées, et se jette sur les Espagnols ; contre l'Allemagne il déchaîne un lion redoutable, et allume la guerre de trente ans. Sa politique nous vaut l'Artois, l'Alsace et le Roussillon, assure notre prépondérance en Europe, et prépare l'épanouissement de la monarchie sous Louis XIV, qui ajoute à ces conquêtes la Flandre et la Franche-Comté.

Un grand citoyen, Vauban, voyant la France ouverte a l'invasion, demande à son génie et à l'art un rempart pour sa patrie et élève du côté de l'est une ligne de forteresses, destinées à réparer l'injure des temps et les iniquités de la politique.

Louis XV nous donne la Lorraine.

Depuis la conquête romaine notre pays a soutenu le choc des barbares, subi à l'intérieur des tyrannies de toute sorte et refoulé en partie l'étranger ; éprouvant des transformations morales multiples, il s'est modifié lentement. La base de l'édifice, le peuple qui s'est montré aux grandes époques de notre histoire à côté du roi, est resté lui-même, vivant de sa vie propre et absorbant les éléments successifs qui sont venus à lui. Sur ce vieux sol de la Gaule, il nous apparaîtra de nouveau avec ses instincts belliqueux, son caractère vif, son âme fière et généreuse. Si nous retrouvons la nation, ne devons-nous pas retrouver le territoire ? L'un et l'autre seront mis en pleine lumière par la Révolution, et, comme l'unité de la patrie, celle du sol revivra impérissable, indestructible.

L'heure sonne, et le peuple, se tournant vers le vieux monde, lui dit : « Débris des âges, castes privilégiées, arrière ! Toi, royauté, qui t'es servie de mon bras pour écraser l'hydre féodale, et qui t'es acquittée envers moi par l'oppression, je te rejette aussi ; — place au Souverain ! » Et l'innocent expiera le crime des coupables.

L'arbre séculaire s'est desséché, il tombera et avec lui cette famille parée, étincelante de seigneurs qui lui faisait cortége.

Le ciel s'obscurcit, la foudre gronde ; l'éclair, précurseur de l'orage, a déchiré la voûte du vieux monde qui s'abîme dans une nuit ténébreuse—remuée jusqu'au fond de ses entrailles, la société pousse des cris d'angoisse et se croit à la merci d'un souffle inconnu, sauvage, destructeur. La tempête mugit avec rage, emportant dans son tourbillon et les hommes et les choses, rien n'échappe à ce courant effroyable qui menace de tout engloutir.

Aux cris de liberté, égalité, fraternité, les peuples du continent de tressaillir, les rois de ramasser leurs troupeaux et de se ruer sur la France. Elle, nue, en guenilles, réunit ses enfants et les jette à la frontière. Tous, se tenant par la main, attendent immobiles le torrent des nouveaux barbares. Le torrent arrêté rentre dans son lit. Indignée et enflammée d'un saint enthousiasme, la France saisit le drapeau de la liberté et mettant à sa tête un héros, un homme de génie, se précipite à la poursuite des barbares. Avec le pressentiment d'une mission à accomplir, elle court dans toute l'Europe porter la lumière et enseigner aux peuples des vérités nouvelles. Emportée dans une course furieuse, elle répand à flots les semences de la civilisation et se rassasie de gloire au milieu de la fumée des champs de bataille

Quelle est l'œuvre de la Révolution ? Elle arme la nation et dit à ses généraux : « Vous irez jusqu'aux limites naturelles, et, quand vous serez là, nous traiterons avec l'ennemi. » Nos armes sont victorieuses à Valmy, Jemmapes, Fleurus ; la ligne du Rhin est à nous, et la coalition est rejetée au delà du fleuve.

Tout un peuple s'est levé pour revendiquer son territoire, parce qu'il attache à cette possession seule la sécurité et l'indépendance de la patrie. Si elle n'a pas ce rempart que la nature lui donne, demain l'ennemi reviendra et de nouveau il faudra se battre, avancer, reculer peut-être et perpétuer ainsi une lutte homicide.

Ainsi s'achève en un moment, par la volonté suprême du peuple, l'œuvre de réparation et de justice, entreprise par la royauté et par elle laborieusement poursuivie à travers les siècles. Par le traité de Campo-Formio, l'Europe reconnaît que le Rhin est la frontière de la France.

Voilà notre unité territoriale et notre nationalité solennellement consacrées.

Honneur à la Convention, dont l'attitude a été grande, noble, héroïque en face de l'étranger ! A sa voix triomphe le droit et ressuscite la vieille Gaule.

II

A l'heure où nous sommes l'unité de l'Italie est faite ; grâce à nous elle est entrée dans la famille des grandes nations. Sera-t-elle une alliée fidèle, une sœur reconnaissante ? La reconnaissance ! vertu rare et difficile entre les individus, utopie entre les peuples. Union, désaccord, rapprochement, inimitié, l'histoire des divers États n'offre pas d'autre exemple. Telle est l'éternelle vicissitude des choses humaines. L'intérêt, ce grand mobile qui mène le monde, divise et divisera toujours.

— Pourquoi ne pas laisser l'Italie couchée dans son lit de douleur et de misère ? Accablée, désunie, elle était à jamais impuissante ; unie et compacte, elle pésera en Europe d'un poids immense comme puissance militaire et politique,

L'Italie, libre des Alpes à l'Adriatique, œuvre bonne, utile à la France ; l'Italie une, des Alpes à l'extrémité de la Sicile, œuvre juste, mais pour nous dangereuse.

— Qu'on se hâte donc de renouer des chaînes imprudemment brisées et de réparer une faute, en rejetant dans les liens de la servitude un pays qui reconnaît nos bienfaits par la plus noire ingratitude.

Oserez-vous détruire votre ouvrage ? La mère aura-t-elle le courage d'étouffer son enfant ? Seuls, en face d'un peuple naissant, vous pouvez faire cela. Mais alors reconstituez les États du Pape, que vous avez laissé dépouiller, rétablissez les Souverains à la chute desquels vous avez applaudi, et de nouveau, sans pitié, disséquez la Péninsule.

Si ce parti ne vous semble pas une folie, une impiété, ne craignez-vous pas que l'Europe s'oppose au démembrement?

L'Angleterre, si généreuse pour qui elle n'a prodigué ni son or ni son sang, y consentira-t-elle? La Prusse, que vous avez faite grande aussi, n'est-elle pas là pour apporter son *veto ?*

Si l'Europe reste muette, tremblez que tout un peuple, égaré par la rage du désespoir, ne devienne de la France l'ennemi irréconciliable, et que, dans sa juste colère, il ne fasse voler en éclats un trône flottant sur l'abîme des révolutions.

— Opposons une digue au torrent, sinon la honte pour nous, et pour le Saint-Siége la captivité.

En vérité sommes-nous à la veille d'assister à un triste spectacle et destinés à voir le Souverain-Pontife exilé, pauvre, errant à travers le monde? Oh! je vous le prédis, le jour où il quitterait la ville éternelle serait pour la papauté un jour de triomphe. Au-devant de l'auguste fugitif vous verriez accourir chacune des puissances catholiques pour lui offrir un asile et déposer à ses pieds l'hommage d'un peuple reconnaissant et fier d'être l'objet d'une glorieuse préférence.

Que l'Italie sache bien qu'il importe à ses intérêts, à son honneur et à sa gloire de garder dans son sein le Chef de l'Église ; qu'elle le retienne à force de tendresse, de respects et de sacrifices,

Mais que les âmes simples et timorées se rassurent ; si le prestige de la tiare a besoin d'un budget opulent, les États catholiques auront soin de l'entretenir et la piété de fidèles celui de l'accroître.

— Malheur à vous, s'écrient les sectateurs aveugles d'une fausse sagesse, si vous laissez ravir au Saint-Père ses États, vous ruinez son indépendance, vous sapez l'autorité de la Religion !

Quoi ! la doctrine prêchée par les Apôtres et répandue dans le monde par le sang des martyrs ne peut durer à travers les âges qu'avec l'appui du glaive ! La chaire évangélique, assise sur le roc indestructible de l'amour et de la foi, va tomber en poussière si elle ne s'étaie sur les trésors de la terre, sur les vanités et l'inconstance des choses humaines ! Quoi ! la barque de Pierre sera retenue au rivage ou submergée si elle ne peut s'orienter sur des fleuves de sang !

Insensés qui méconnaissez les enseignements du Christ et outragez une morale divine, écoutez les dernières instructions de l'Homme-Dieu à ses disciples :

« Ne portez ni bourse, ni sac, ni souliers, et ne saluez » personne dans le chemin.

» Vendez ce que vous avez et le donnez en aumône ; fai-» tes-vous des bourses qui ne vieillissent point, et dans les » cieux un trésor qui ne périsse jamais, d'où le larron n'ap-» proche point et où la teigne ne corrompt point, car où est » votre trésor, là aussi sera votre cœur. »

« ..... Or, Simon Pierre, qui avait une épée, la tira, en » frappa un des gens du grand-prêtre et lui coupa l'oreille » droite.

» Mais Jésus dit à Pierre : « Remets ton épée dans le

» fourreau, ne boirai-je pas le calice que le Père m'a donné
» à boire. »

« ..... Je vous laisse la paix, » dit ce doux maître, à
l'heure où il prend congé de ses disciples, qu'il appelle ses
amis.

« Je vous donne ma paix. Je ne vous la donne pas comme
» le monde la donne. Que votre cœur ne se trouble point et
» qu'il ne soit pas saisi de frayeur. Le commandement que
» je vous donne est de vous aimer les uns les autres comme
» je vous ai aimés. Vous êtes mes amis si vous faites les
» choses que je vous commande.

» Ce que je vous commande est de vous aimer les uns les
autres. »

Non, la religion de Jésus, œuvre de grâce et de mansué-
tude, ne passera point. Le Prince des Apôtres régnera sur
les âmes tant qu'il daignera s'abreuver aux sources pures et
intarissables du Verbe qui est la vie, la lumière, la justice et
la vérité.

Comme toute domination terrestre, le pouvoir temporel
du Saint-Siége relève de la souveraineté populaire. Il est
tombé le jour où le Pape-Roi a perdu les Marches, l'Ombrie
et les Romagnes.

En vertu du principe des nationalités, Rome appartient à
l'Italie.

La France dira à l'Italie : « Tu t'es levée parce que tu
avais le droit de naître à la vie des peuples ; si je t'ai prêté
l'appui de mon bras, tu m'as donné la porte des Alpes qui,
gardée par mes enfants, reste à jamais fermée à l'invasion.
Et maintenant, ta main dans la mienne, unissons-nous par
les nœuds d'une étroite et solide amitié. »

III

Nous avons chassé l'Autriche de la Lombardie pour l'é-
loigner de nos frontières, et pourtant entre elle et nous

s'élevaient des bornes imposantes : les Alpes et le Piémont.

Au lieu d'aggraver les épreuves que traverse une jeune nation, portez les yeux d'un autre côté.

N'avez-vous pas à l'horizon ce point noir qui, malgré vous, attire, fascine et fixe votre regard.

En étendant la main sur les duchés de l'Elbe, la Prusse inaugurait cette politique qui étale, aux yeux de l'Europe, le respect professé à Berlin pour le droit des peuples. Après Sadowa, on l'a vue, le compas d'une main et le fusil à aiguille de l'autre, s'octroyer un vaste royaume sur les débris de plusieurs trônes écroulés. Tenant dans ses serres les petits États, elle les incorpore, s'arrondit et invite les populations à envoyer au Parlement du Nord des députés de son choix.

— Oh ! s'écrie une antique et florissante cité, n'approchez pas, j'étais libre bien des siècles avant que l'embryon de la Prusse eut apparu en Europe ! Et la pauvre vierge est rançonnée, violée et précipitée dans l'abîme.

— Entre dans mon sérail, lui murmure-t-on à l'oreille, le couteau sur la gorge, et hâte-toi de m'expédier tes bourgeois dont je ferai des galants de cour.

A ce spectacle, l'Europe regarde et la France se trouble.

— Vous ne connaissez qu'une partie de mon œuvre et vous vous récriez !

Et les traités, imposés au Wurtemberg, à la Bavière, à la Saxe, sont jetés au visage de ceux qui ont osé dire : « La Prusse agrandie contient la Russie, assure l'indépendance de l'Allemagne et la France n'en doit prendre aucun ombrage. »

La Hollande cède le Luxembourg à la France et la Prusse d'invoquer aussitôt des traités qu'elle a foulés aux pieds, en détruisant la Confédération.

Loin d'écouter les bouillonnements du patriotisme, on répond à tant d'arrogance : Vous en appelez aux puissances co-signataires, eh bien ! qu'elles soient juges entre nous.

Quelle mission que celle de prévenir entre deux peuples l'effusion du sang ! Si le principe des nationalités dont on

)arle avec tant d'emphase, n'est pas un mot vide de sens aux yeux des gouvernements, leurs mandataires vont s'em->resser de dire : Vous qui possédez indùment, retirez-vous. ;t vous, à qui on semble tendre les bras, n'avancez pas, nous reconnaissons au duché le droit d'exprimer hautement sa volonté.

Autrefois, après la voix des armes, venait celle de la diplomatie. Elle se contentait d'enregistrer les faits accomplis et de régler le sort des nations sur le jeu des batailles. Désormais elle répudie un rôle trop modeste et revendique de plus nobles prérogatives. Inscrivant dans une charte le vœu des populations, au lieu d'y consigner les arrêts de la force brutale, la diplomatie ouvre une ère glorieuse et consacre un grand principe d'humanité.

Non, il n'en sera pas ainsi. Les plénipotentiaires, réunis à Londres, abusant d'un privilége que leurs devanciers devaient à la valeur ou au caprice de la fortune, disposent des peuples comme d'un troupeau :

— Le Luxembourg restera à la Hollande, tel est notre bon plaisir ; il sera neutralisé sous la garantie collective des puissances.

— Garantie collective, s'écrie un indiscret dans l'assemblée de sa nation, qu'est-ce à dire ? Si demain, à l'endroit du traité, une guerre éclate, serez-vous entraînés dans le tourbillon et sommés de courir aux armes, pour faire honneur à votre signature ?

— Rassurez-vous, répond l'organe officiel, garantie collective signifie garantie collective et rien de plus. Que l'un des signataires se sente assez fort pour se jouer de nos stipulations, à lui le soin d'aviser et à nous celui de rester dans nos ports, si le cœur nous en dit.

Neutralité, chimère, œuvre de la diplomatie, œuvre d'impuissance ; l'*ultima ratio*, le droit, c'est la force.

La Prusse se retire, honteuse, frémissante, dévorée de rage, avec l'espoir de se venger de qui la contraint de cesser une odieuse usurpation.

Triste, morne, la France est indignée de se voir disputer un lambeau de territoire par un voisin que, hier encore, elle pouvait, d'un revers de main, jeter à bas.

La Prusse travaille sans relâche à faire de l'Italie qui nous doit tout, notre ennemie.

A nos portes, la révolution menace d'emporter une dynastie dont les fautes ont comblé la mesure ; mais le pouvoir résiste et peut-être restera-t-il encore le maître.

Une main mystérieuse vient en aide à l'insurrection et Isabelle est chassée de ses États.

Le cabinet de Berlin se flatte de voir bientôt s'élever, au delà des Pyrénées, un gouvernement docile à ses inspirations et hostile à la France.

Tendez la main au peuple espagnol et, s'il entre dignement dans les conseils de l'Europe, vous trouverez en lui un allié.

Oublierait-on, de nos jours, les leçons les plus sévères de notre histoire ? En 1792 la Prusse conduit le mouvement, et en 1814 elle marche à l'avant-garde de l'invasion.

Par le traité de Presbourg, Napoléon Ier qui connaissait son humeur l'éloigne du Rhin ; puis créant un État fédératif entre elle et l'Autriche, il détruit tout point de contact entre les deux puissances et élève pour nous un solide rempart. La veille d'Austerlitz, la Prusse menace les derrières de notre armée, la victoire nous est fidèle et elle accourt en toute hâte. L'année suivante, elle noue contre la France une nouvelle coalition, à Iéna tombe à nos pieds et demeure notre ennemi le plus implacable.

Quoi ! le tout-puissant empereur décore ses aigles d'une gloire immortelle à Austerlitz, s'empresse d'écarter un voisin faible mais brouillon et ambitieux, et nous qui n'avons pas pour vassales les principautés du premier Empire, nous souffrirons sans alarmes, en deçà du Rhin, ce même voisin, et nous attendrons impassibles qu'il ait posé sur sa tête la couronne d'Allemagne !

Les uns disent : La Prusse a signé le traité de Prague et juré de respecter l'indépendance des États du Sud.

2

« Mettez l'Allemagne en selle, s'est écrié une voix
» puissante, et je me charge de la faire marcher. » Assurer la grandeur de sa patrie, en lui donnant en Europe un rang inespéré, tel est le but que poursuit, avec
une ardeur infatigable, cet homme audacieux. Qui,
mieux que lui, sait remuer l'âme d'une nation? Il a la
conscience de sa force, le ministre qui, joignant à une
rare prévoyance l'habileté la plus consommée, a toujours
usé d'une franchise admirable. Et pourtant, à l'intérieur, que de luttes à soutenir, de résistances à vaincre,
d'obstacles à surmonter? La noblesse crie, la bourgeoisie
tremble, la liberté pleure! Ah! vraiment, a-t-il le temps aujourd'hui de prêter l'oreille aux stériles lamentations? Avec
un regard superbe, d'un pas ferme et mesuré, il va en avant,
et devant lui les volontés s'anéantissent et les fronts se cour-
bent. Voyez-le, ce grand politique, se dresser de toute sa
hauteur sur le magnifique piédestal laborieusement élevé
par lui seul !

A l'extérieur... je m'arrête et me tais, car je sens gronder
mon patriotisme.

Aux yeux du cabinet de Berlin le traité de Prague est
une lettre morte, et le Mein une barrière qu'il a franchie le
jour où l'alliance militaire et l'unité économique ont mis
dans sa main les États du Sud.

Les autres : N'élevez pas la voix, au moindre signe d'im-
mixtion dans les affaires d'Allemagne vous précipitez le
mouvement et jetez les peuples dans les bras de la Prusse.

Prêcher l'alliance avec la Prusse, exalter sa valeur n'est-ce
pas applaudir à ses succès et les encourager pour l'avenir?
Il ne nous reste donc plus qu'à nous incliner humblement
devant une œuvre d'iniquités et de violences !

Quelle mission vous êtes-vous donnée? Espérez-vous par-
venir à glacer le courage de nos soldats et à infiltrer dans
les veines du sang français les frissons de la peur? Quoi !
vous choisissez l'heure où la France pleure ses mécomptes
politiques pour lui tenir ce langage : Là-bas, où il ne fallait

pas aller, tu as reculé, et ici, où l'on a manqué de prévoyance, tu reculeras encore ! Vous êtes donc perdus de honte et prêts à subir toutes les humiliations ! Ah ! laissez-moi fermer l'oreille à ces désolantes déclamations, j'aime mieux me souvenir du noble exemple que Rome donna au monde, après un grand désastre : « Le Sénat, dit Montes-
» quieu, vit combien il était nécessaire qu'il s'attirât, dans
» cette occasion, la confiance du peuple. Il alla au devant
» du consul et le remercia de ce qu'il n'avait pas désespéré
» de la République. »

Ceux-ci : Que l'Allemagne se donne ou se laisse prendre, que nous importe ? Qu'elle fasse l'unité à sa guise, avons-nous le droit de l'empêcher ?

Que nous importe ? La Prusse absorbe l'Allemagne, convoite la Hollande ; adossée au colosse du Nord, menace de nous enserrer dans un cercle de fer, et on dit, que nous fait tout cela ? Ames pusillanimes, faites litière de notre honneur, de notre sécurité, mais silence ! la France n'abdique ni son passé, ni son avenir ; elle se redresse, et portant la main à la garde de son épée, elle dit à l'Allemagne : Travaille à ton unification, mais n'essaye pas d'entraver l'œuvre de mon unité.

Ceux-là : Il faut se résigner, l'unité de l'Allemagne est un fait accompli.

L'agitation, soulevée dans les États du Nord par la question du Luxembourg, donne un démenti à ces présages. Les yeux tournés vers la France, les peuples n'attendent qu'un signal pour secouer un joug de fer et redevenir Allemands.

Une flotte part de nos rivages et débarque à Naples cinquante mille Français, que devient l'unification d'un peuple naissant ? Jetez au-delà du Rhin une force de deux cent mille hommes, vous verrez si l'unité est faite.

N'est-ce pas méconnaître les enseignements de l'expérience la plus vulgaire, ignorer le premier mot des annales des nations que d'affirmer qu'en quelques mois on cimente l'union de quarante millions d'âmes qui, à aucune époque, n'ont subi le même joug, obéi aux mêmes lois et vécu d'une vie commune?

Non, l'unité de l'Allemagne n'est pas faite, mais sous la main de la Prusse l'empire germanique marche à pas de géant vers son achèvement.

Attendrez-vous qu'il soit devenu une réalité ?

Réveillez-vous donc, et restez confondus à la vue du monstrueux édifice qui se dresse devant vous:

Sur les débris de l'ancienne Confédération s'élève un État qui, composé d'éléments divers mais unis par la langue et les mœurs, forme un vaste empire ; sillonné de fleuves et de rivières, couvert de villes populeuses et opulentes, il s'étend des Alpes à la Baltique. Au centre de l'Europe, grâce à une position maritime et continentale, il sera formidable. Que ses frontières de l'est soient tranquilles, il se rue à l'Occident avec toutes ses forces ; qu'il s'avance, suivi de la Russie, il nous accule à l'Océan.

Cet empire, notre politique séculaire l'avait sapé, miné, ruiné, et le voilà ressuscité !

IV

On nous a dit : « Les traités de 1815 ont cessé d'exister.
» La force des choses les a renversés ou tend à les renver-
» ser presque partout. Ils ont été brisés en Grèce, en Bel-
» gique, en France, en Italie comme sur le Danube. L'Alle-
» magne s'agite pour les changer ; l'Angleterre les a géné-
» reusement modifiés par la cession des îles Ioniennes, et la
» Russie les foule aux pieds à Varsovie. Au milieu de ce
» déchirement successif du pacte fondamental européen les
» passions ardentes se surexcitent, et au midi comme au
» nord de puissants intérêts demandent une solution. »

Et on a ajouté : « Il faut détester les traités de 1815. »

Oui, il faut les détester. La Prusse, après en avoir fa
littère à son profit, les invoque insolemment contre nou
et la Russie les foule aux pieds à Varsovie.

Quelle est donc cette charte impie dont on nous jette
honte au visage ? Œuvre de colère, de rancunes, de haîne
de vengeance.

Pourquoi faut-il que l'ivresse de la gloire nous ait égaré
au commencement du siècle !

Les alliés n'osent pas nous ôter tout point de contact avé
le Rhin, car le lion est là, couché à terre, sanglant et enco
prêt à mordre au talon. Gardant un semblant de pudeur, i
nous permettront d'aller visiter le fleuve à Strasbourg. Apr
avoir décapité la France, pour accoupler ses provinces
Nord avec la Hollande, ils avisent au moyen de se ménage
sur notre territoire des promenades militaires. Comme il
sera prudent d'arriver en nombre, on ouvre de larges voie
et on se réserve des positions formidables.

Entre les Vosges et le Rhin, Landau découvre l'Alsace,
Sarrelouis et Sarrebruk, entre les Vosges et la Moselle, donnent accès en Lorraine ; Bouillon et Neufchateau ouvrent la
vallée de la Meuse ; Philippeville et Marienbourg mènent,
à travers le défilé des Ardennes, au cœur de la Cham-
pagne.

Que vous en semble ! Ces diplomates au cœur d'airain, à
l'âme froide et desséchée, ont-ils pratiqué d'assez belles dé-
chirures dans notre manteau de l'est ? Non pas trous, mais
trouées, horribles et larges plaies que l'on fit à la pauvre
France.

Après l'évacuation du Luxembourg êtes-vous rassurés ?
Avez-vous fermé toutes les portes à l'invasion ? Quel sera
votre secret pour prévenir les querelles entre deux peuples
enchevêtrés ensemble à l'aide de limites tracées, pour tenir
l'un en bride et peser sur lui ? Serons-nous condamnés à
n'oser faire un pas vers l'est, de peur de nous heurter à un
fusil à aiguille ?

Celui qui se sent pressuré, caresse son arme, et celui qui a le bras levé cédera tôt ou tard à une mauvaise tentation.

Serons-nous les enfants dégénérés de nos pères ?

Quoi ! l'Italie sera là, à nos portes, grande, libre par notre bras, et l'Allemagne prussifiée, assise sur les deux rives du fleuve, suspendra sur notre tête sa large épée ! Quoi ! notre vaillance a arrêté le colosse du nord, étendant la main sur le Bosphore, et aujourd'hui humiliés, amoindris, le front dans la poussière, nous laisserons la patrie tronquée, mutilée, décapitée !

Au lendemain de la sanglante bataille qui venait de river à la Prusse le nord de l'Allemagne, on a essayé d'établir, dans une circulaire demeurée célèbre, qu'un pareil ordre de choses ne créait pour nous aucun danger.

Eh bien, l'expérience est faite, rien n'a pu ébranler l'instinct populaire et obscurcir le bon sens d'une grande nation. Dès la première heure, avec un pressentiment infaillible de l'avenir, la France a mesuré toute l'étendue d'un désastre politique ; malgré les assurances les plus pacifiques, elle est restée sous le coup des angoisses de Sadowa.

On proclame en vain que, tant que nos intérêts et notre dignité ne seront pas menacés, il faut accepter franchement les changements survenus de l'autre côté du Rhin.

La perspective d'une guerre fatale, inévitable, trouble les esprits, inquiète le crédit et paralyse les effets bienfaisants de la paix.

Non, tant que l'Allemagne aura un pied en deça du Rhin, la France se sentira menacée et elle répondra : Cette situation est intolérable, il est temps d'en finir avec une œuvre d'iniquité, de défiance et d'agression permanente. Les faits plus forts que les paroles, sont là, sous les yeux de tous, éclatants de lumière, inexorables de logique ; la plaie est là, saignante jusqu'au jour où il vous plaira d'y porter le fer rouge.

V

Nous dirons aux populations de la rive gauche du Rhin :
Vous êtes les membres d'une famille, dont vous avait éloi-
gnées le malheur des temps, votre sol fait partie du nôtre,
rien n'a pu l'en détacher, nous le revendiquons au nom de
la Nation.

— Notre intérêt c'est la reconstitution de notre unité
territoriale admirable, mais l'intérêt ne crée pas le droit ;
cette question de frontières n'est-elle pas subordonnée aux
vœux des populations ?

Elles se donneront à nous, parce qu'elles sont françaises,
elles se jeteront dans nos bras, parce que maintenir le *statu
quo* c'est les condamner à être foulées aux pieds et décimées
par des collisions sanglantes et périodiques. Leur territoire
devient un champ de bataille et là, sans fin ni trève comme
autrefois en Italie, les grandes puissances s'y donnent ren-
dez-vous pour s'égorger.

Histoire lamentable que celle de la Péninsule ! Quand les
vautours, attachés à ses flancs, ne sont pas assez forts pour
accomplir l'œuvre du mal, ils s'adressent à l'étranger. L'un
d'eux invoque l'appui du Turc pour chasser le fils aîné de
l'Église dont il a imploré la protection. Afin d'étouffer une
république florissante, son successeur appelle à son aide Allemands, Espagnols, Français et, lorsqu'il se voit entourée
d'une nuée d'oiseaux de proie, il s'écrie : Hors les barbares !
et les barbares de prendre leurs ébats avant de quitter leur
hôte.

— Si l'annexion n'est pas demandée au libre consente-
ment du peuple n'est-ce pas porter atteinte au principe des
nationalités, au droit de la souveraineté ?

Dieu nous garde de toucher à l'arche sainte ! Mais est-il

vrai que l'Angleterre, l'Espagne, la France aient conservé à travers les siècles l'unité de territoire et celle d'origine : l'une se révélant par le caractère, les mœurs, les lois, la religion, l'autre apparaissant, si le sol est resté intact ou n'a subi que de faibles démembrements ? Ces deux éléments de notre nationalité ont surgi il y a soixante-dix ans avec une vitalité nouvelle. De quoi s'agit-il donc ? De revendiquer un sol et des populations que rattachent à nous des liens indissolubles.

Qu'on conteste ces principes, et l'existence d'une nation devient un mot vide de sens, la politique un sable mouvant, et la souveraineté populaire elle-même, s'exerçant par le suffrage universel, une chimère.

Un voisin puissant s'empare, au cœur du pays, d'un périmètre de terre qui nourrit dix mille habitants. Nous prenons des forces, chassons l'usurpateur, et voilà ces dix mille habitants de s'écrier : « N'approchez pas, nous voulons vivre à notre guise. » Etes-vous assez épris de la liberté pour laisser éclore là une petite république de Saint-Marin ? Vous détournez la tête en souriant, et rappelez au devoir une voix faible et mutine.

Voici une parole plus imposante. En 1815, les alliés, déclarant que l'Angleterre a bien mérité de la Sainte-Alliance, et désireux de reconnaître de féaux et loyaux services, lui octroient pour son lot la Normandie, qu'elle garde jusqu'à nos jours. Résolus enfin à expulser l'Anglais, nous courons sus et l'obligeons à repasser la Manche. Au moment où nous allons prendre possession, la plantureuse Normandie, qui regrette le confortable d'Albion, se redresse et nous dit : « Consultez donc les populations ! » Vous répondrez peut-être : « Sonde ton cœur et tes reins, et à la grâce de Dieu ! »

L'Alsace et la Lorraine, ces filles de la patrie allemande, sachant qu'elles ont à Berlin de fervents adorateurs, s'avisent de tendre les bras à la Prusse. Et aussitôt les deux apôtres des nationalités de s'exclamer : « L'Alsace et la Lorraine, œuvre de conquête, restituez à la mère commune.

L'Autriche est tombée de son piédestal ; à moi son héritage !
Avec l'Allemagne et les Pays-Bas, je ressuscite Charles-
Quint. »

Est-ce bien à vous, né d'hier, de parler de Charles-Quint ?
N'outragez pas cette grande ombre ; vous ne serez jamais
digne de toucher à sa couronne.

Un État doit avoir des limites fixes, certaines. Est-il difficile à la France de les marquer ? La nature les lui a données.

« En roulant dans le Palatinat cis-rhénan, je songeais que
» ce pays formait naguère un département de la France,
» que la blanche Gaule était ceinte du Rhin, écharpe bleue
» de la Germanie. Napoléon et la République, avant lui,
» avaient réalisé le rêve de plusieurs de nos rois et surtout
» de Louis XIV. Tant que nous n'occuperons pas nos fron-
» tières naturelles, il y aura guerre en Europe, parce que
» l'intérêt de la conservation pousse la France à saisir les
» limites nécessaires à son indépendance nationale. Ici nous
» avons planté des trophées pour réclamer en temps et
» lieu. » — (CHATEAUBRIAND.)

— Pourquoi, au dix-neuvième siècle, assigner aux États
des limites et parquer les peuples comme de vils troupeaux ?
Non, plus de barrières ; la vapeur, l'électricité, la fusion des
lumières ont rejeté ces vieilleries.

Je vous reconnais, on vous nomme les humanitaires. Un
jour, il vous a été donné de tenir dans la main les destinées
de la France et peut-être aussi le sort de l'Europe. Eh bien !
qu'avez-vous fait pour la cause de l'humanité ? Qu'avez-vous
obtenu pour la grandeur et la liberté de la patrie ? Qu'avez-
vous laissé derrière vous ? Ruines, misères, défaillances,
vous avez tout perdu. Ah ! voyez-vous, ce n'est pas seule-
ment avec de beaux rêves, de nobles aspirations, des mots
sonores, des doctrines énervantes, qu'on fonde et qu'on im-
plante dans un pays l'œuvre grande et difficile d'une institu-
tion politique. A tout cela il faut ajouter l'initiative qui crée,
l'énergie qui féconde, la volonté qui agit, la force qui con-
solide. En affirmant aujourd'hui que la France est assez

forte avec son prestige moral, vous vous trompez comme vous vous êtes trompés autrefois.

Il est réservé à notre patrie de continuer à travers les siècles sa mission civilisatrice. Mais pour porter sûrement le flambeau de la lumière, elle doit tenir son drapeau d'une main ferme et jouir de la plénitude de son indépendance.

— Oui, votre droit c'est de revendiquer un territoire qui vous appartient; mais, prenez garde! la liberté diminue à mesure que l'État s'agrandit. Vous paraissez ignorer que cette fleur belle et suave aime à s'épanouir entre des bornes étroites et à l'ombre d'un pouvoir qui n'a qu'à étendre un peu les bras pour embrasser tous ses enfants.

Regardez, au milieu d'une vaste solitude, cet homme qui chemine lentement sur un océan de sable. Tout couvert de poussière, la tête brûlée par le soleil, les pieds meurtris, courbé, gémissant, il glisse, chancelle, tombe, se relève et reste debout. Tout à coup son œil brille, sa figure s'illumine; là, à quelques pas, un bouquet d'arbres apparaît aux regards du pauvre voyageur. Haletant, épuisé, il ramasse ses forces et se hâte. Le voilà assis sur un tapis de verdure, oubliant les fatigues du chemin et se désaltérant dans les flots d'une douce et tiède haleine. Eh! mon ami, lève-toi, reprend ton bâton de voyage et souviens-toi des joies de l'arrivée.

— Vous allez nous jeter encore dans les hasards des batailles; mais avec la guerre adieu la fortune publique, le bien-être général.

Et le bien-être des particuliers, et les opérations mûres qui crouleront ou seront ajournées! Et le coup bien monté qui allait éclater, s'épanouir comme une gerbe artificielle et assurer la fortune d'un habile spéculateur!

Une nation se voit-elle dans la nécessité d'affirmer hautement son honneur, sans cesse autour de vous résonnera ce mot : Et les affaires! Quels sont ces hommes qui parlent d'intérêt général, des bienfaits de la paix ?

Monde d'agioteurs, d'industriels, de marchands, d'enrichis, de rassassiés. Essayez de lui faire comprendre ce qu'on entend par patrie, dignité, devoirs; ajoutez que la France est humiliée, qu'on ne lui épargne ni les défis, ni les menaces. Vous croyez que le cœur va bondir et le visage s'éclairer? Ah! vraiment, vous avez provoqué un agréable sourire. Changeant de propos, annoncez-lui brutalement qu'une opération, par lui mitonnée, lui claque dans les mains, à l'instant la face de pâlir et de devenir blême. Mais si vous lui dites : Vous êtes dans cette affaire, elle marche et monte à vue d'œil! Aussitôt la figure de s'empourprer de joie et de plaisir.

Hier, ce monde-là, vil, rampant, lâche, courbait la tête, applaudissait, encensait l'idole et s'enrichissait et s'engraissait; il aspirait à tout et obtenait tout, honneurs, dignités, récompenses nationales.

Aujourd'hui, gorgé, mais non pas assouvi, il frissonne et tremble au moindre bruit de guerre, et comme si, le poignard sous la gorge, il était sommé de déposer sur l'autel de la patrie une légère part de ses trésors, effaré, il s'écrie : Oh! surtout, pas d'aventures, ne touchez à rien! grâce, pitié, laissez-moi savourer le fruit de mes travaux et cuver à loisir l'ivresse de mon confortable!

Monde de parasites! aux heures de bonheur, de calme, de prospérité, à genoux il tend la main et emplit la poche. Viennent les jours d'orage, de tourmente, de sacrifices, d'abnégation, il crie, gémit, pleure, ferme sa porte et tire le verrou. Et pourtant pour exempter ses enfants de l'impôt du sang, il n'a eu jusqu'ici qu'à jeter quelques deniers à de pauvres créatures affamées. Malheur aux gouvernements qui s'appuient là-dessus.

Approchons-nous maintenant de ce vieillard qui, du matin au soir, trace péniblement un sillon, et demandons-lui ce qu'est devenu son fils. Il se redresse, et nous regardant fixement, il répond : Mon fils! il m'a quitté pour aller servir son pays. Entrez dans un atelier et, vous adressant à cet homme au corps amaigri, au visage baigné de sueur, dites-lui : Votre enfant n'est donc pas là, à vos côtés? Lui, sans se détourner de l'ouvrage : Non, il n'est plus là. Il a volé à la frontière pour chasser l'étranger.

Pères tous les deux, ils travaillent sans relâche, pleurant quelquefois, parce qu'ils tremblent pour l'absent. Mais ils se résignent à la tâche que Dieu leur impose, et se lamentent moins que vous, heureux de la terre.

Quel contraste plein d'enseignements ! Là, indifférence, égoïsme, corruption, la lie d'un peuple ; ici, vertu, sacrifices, désintéressement, les forces vives et pures d'une nation.

— Ah ! me crie-t-on enfin, assez de carnages, assez de massacres ! les nations sont sœurs, les peuples sont frères, ils ne veulent pas se battre et ne se laisseront plus mener.

Ils ne se laisseront plus mener ! Osez-vous soutenir cela au lendemain d'une des plus douloureuses hécatombes que l'histoire aura à enregistrer dans ses annales de sang ! Avez-vous oublié que hier encore, à Sadowa, Satan, à la voix d'un homme, faisait ruer les uns sur les autres les frères d'une grande famille et s'entr'égorger les enfants de la même mère !

Vous êtes pour la paix universelle, pour la sainte alliance des peuples ! Je me range sous votre bannière, de grâce montrez-moi, à l'horizon, ce point lumineux que, comme vous, j'appelle de toutes les forces vives de mon âme ! Montrez aux hommes cette aurore et la terre, à deux genoux, bénira Dieu et le remerciera de faire luire sur le monde l'éclat d'un si beau jour.

— Quoi ! vous iriez jeter sur un champ de bataille la fleur de notre jeunesse et la livrer comme l'épi des champs à la faulx d'un monstre abominable !

Oh ! dites-moi cela, dites-moi qu'il est impie de s'égorger dans la famille humaine et je pleurerai et gémirai comme vous ! Que l'Europe désarme, vide ses querelles dans un congrès et répare les iniquités de la politique ; que les peuples s'embrassent, nous battrons des mains, des larmes de joie et de bonheur inonderont tous les visages !

Hélas ! cela ne sera pas, parce que le démon de l'ambition n'est pas sorti de l'âme des gouvernements.

Vous tous, chefs d'empire qui parlez de paix, vous vous êtes donné votre foi ! Mais que font là des milliers de bras occupés jour et nuit à forger des machines de guerre? Que veulent dire ces armements poussés avec une activité fiévreuse ! Pourquoi tant d'encouragements prodigués au génie de la destruction ?

Vous croyez à la paix et, le sourire aux lèvres, avec de douces paroles, vous confiez des hochets à des millions d'hommes !

Juste ciel ! quelle idée vous faites-vous donc de ce pauvre troupeau humain? Oh! n'insultez pas à la raison des peuples, de peur qu'au milieu de l'orage qui se prépare, frappés tout à coup d'un rayon d'en haut, ils ne brisent ces hochets qui blessent leurs mains et ne jettent au vent les diadèmes qui parent vos fronts.

VI

Il y a un siècle, une nation qui semblait destinée à maintenir en Europe l'équilibre des États, tombait mutilée, sanglante, sous les griffes de trois pouvoirs impies. Comme si l'un d'eux eût été condamné à porter tout le poids de l'iniquité, les deux autres devaient trouver, dans l'œuvre du mal, les moyens d'assouvir leur insatiable avidité.

Depuis le partage, acharnés et debout sur la victime, ils ont épuisé pour l'étouffer et en faire un cadavre, tous les raffinements de la barbarie. La Pologne, garottée, torturée, gémit, souffre et vit toujours. D'heure en heure elle jette au monde des marques d'une virilité miraculeuse ; spectacle bien digne de réjouir et d'attrister les âmes libres et honnêtes. Si Dieu lui a conservé un souffle, ne semble-t-il pas qu'il lui prépare un réveil inattendu, une résurrection soudaine ? Viendra-t-il ce jour où la pauvre martyre, sortant du tombeau que n'a pu sceller la rage des bourreaux, se redressera avec ce cri : Vampires, arrière, votre règne est fini ! Sœur infortunée, dont le sang mêlé au nôtre sur les champs de bataille, a cimenté avec la France une alliance impérissable, que n'a-t-elle pu te dire, à toi aussi : Lève-toi et marche !

Non, tant que le droit des peuples sera foulé aux pieds, tant que la force brutale pèsera sur le faible et l'innocent, la paix ne peut fleurir en Europe. Demandez à la Prusse prêchant, en Allemagne, la croisade des nationalités si, avant qu'elle sût bégayer ou essayer un pas, il existait sur le continent une nation polonaise. Voyez la Russie, elle déracine la Pologne et pousse à la révolte les chrétiens d'Orient. Est-elle arrêtée en Europe, elle roule la destruction en Asie ; sa mission à elle consiste à envahir brutalement, à étouffer tout ce qui a vie. Le vautour est adroit et des yeux couve sans cesse le malade, sur lequel il brûle de s'abattre, pour s'en repaître à satiété dans la solitude.

En présence d'éventualités redoutables, la France doit être une et compacte.

Ceignez vos reins et levez-vous pour revendiquer hautement la limite du Rhin. Si on vous refuse, marchez ; au chant de l'hymne de la patrie, vos enfants sauront faire triompher la cause du droit et de la justice.

Mais la Russie accourt et, mettant sa main dans celle de la Prusse, jure de résoudre avec elle les questions d'Orient et d'Occident.

Oh ! alors, jetez un cri d'alarme ! si l'Angleterre et l'Italie ne sont pas insensées, elles vous entendront ; si l'Autriche ne s'est pas vouée au suicide, elle vous ouvrira ses bras.

Après avoir inscrit sur votre drapeau que la France ne rêve plus de conquêtes et se contente de ses frontières naturelles, passez le Rhin, entrez en Allemagne et acceptez un duel à mort, une lutte suprême.

Appelez les Polonais aux armes et autour de vous vous verrez se presser les faibles, les opprimés. Frappez au cœur l'ennemi, mettez debout la Pologne et la clouant au flanc de la Prusse et de la Russie, délivrez l'Occident de ses terreurs et l'Orient de ses angoisses.

Quand vous aurez refoulé la barbarie moscovite, muselé le géant aux pieds d'argile, vous aurez accompli une mission providentielle et assuré à l'Europe de longues années de paix, de calme et de prospérité.

Lorsque, portant mes regards en arrière, je suis à travers les âges les souffrances de la patrie, pour arriver à son unité, je frémis d'émotion au souvenir de nos pères. Si je considère l'Italie, je ne puis que m'écrier : Heureux le peuple à qui il a été donné de passer, en un moment, de la plus extrême faiblesse à un état de grandeur.

A ce spectacle, je me sens pris d'un profond sentiment de tristesse, car je ne me consolerais jamais, si je voyais mon pays déchoir et tomber de son rang glorieux dans la famille européenne.

La France qui, à la fin du siècle dernier, en répandant à flots le sang de ses enfants, a justifié le titre de fille aînée des nations, serait-elle destinée à redescendre, à peine parvenue au sommet !

Oh ! non, il n'en sera pas ainsi. Peuples du continent, n'a-t-elle pas assez mérité de l'humanité, pour rester toujours digne de vous guider dans la voie de la lumière, du droit et de la vérité !

Patrie de saint Louis, de Jeanne-d'Arc, de Henri IV, France de la Révolution, tu vivras libre, grande et honorée parmi les nations.

www.ingramcontent.com/pod-product-compliance
Lightning Source LLC
Chambersburg PA
CBHW061650050726
47598CB00004B/1531